ABC

ACTIVITY BOOKS for Toddlers

△ ALPHABET △ NUMBER △ SHAPE △ GAME

PUBLISHED IN 2018 BY
ROCKET PUBLISHING

COPYRIGHT 'ILLUSTRATIONS' 2018 ORIGAMI PUBLISHING
ALL RIGHT RESERVED.'NO PART OF THIS PUBLICATION MAY BE REPRODUCED OR TRANSMITTED IN ANY FORM OR BY ANY MEANS, ELECTRONIC OR MECHANICAL, INCLUDING PHOTOCOPY RECORDING OR ANY INFORMATION STORAGE SYSTEM AND RETRIEVAL SYSTEM WITHOUT PERMISSION IN WRITING
BY ROCKET PUBLISHING

PRINTED IN THE UNITED STATE OF AMERICA

THIS BOOK BELONG TO

Aa   Apple

A _____

_____

a _____

_____

Bb Bee

B _____

b _____

Cc   Cake

C _____

c _____

Dd   Dog

D
_____

d
_____

_____

Ee   Egg

E
___

e
___

Ff   Frog

F _____

f _____

Gg Ghost

G _____

_____

g _____

_____

Hh   Hare

H _____

h _____

Ii Ice cream

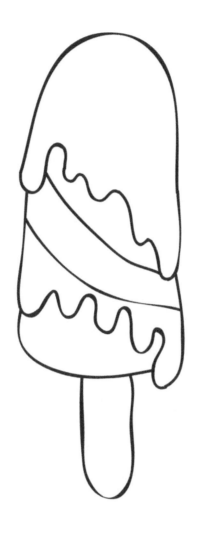

I
_____

_____
i
_____

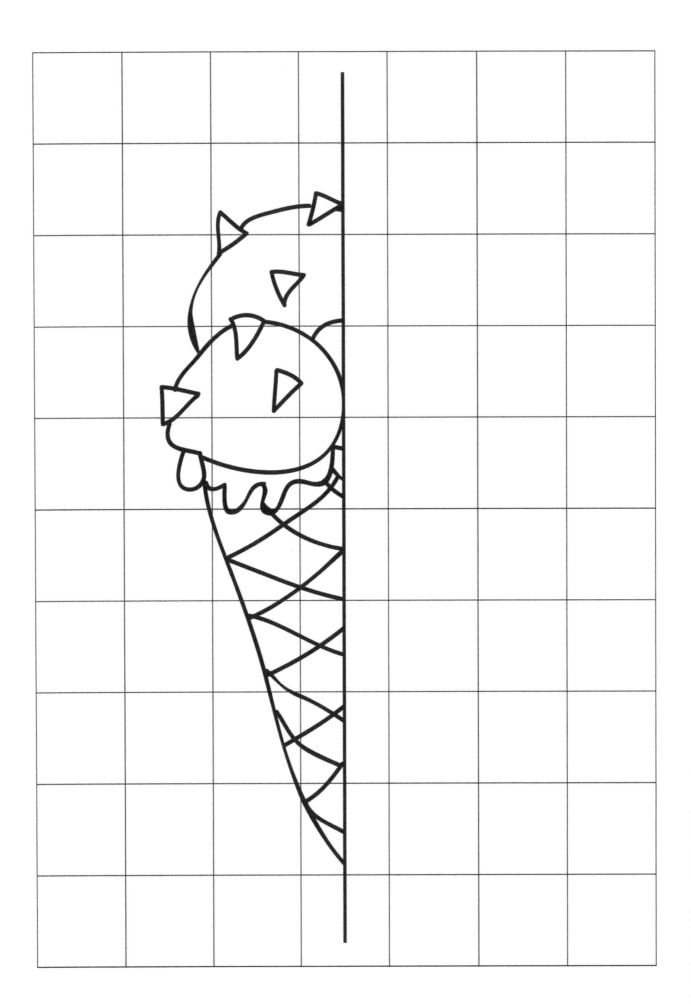

Jj Jellyfish

J _____

_____

j _____

_____

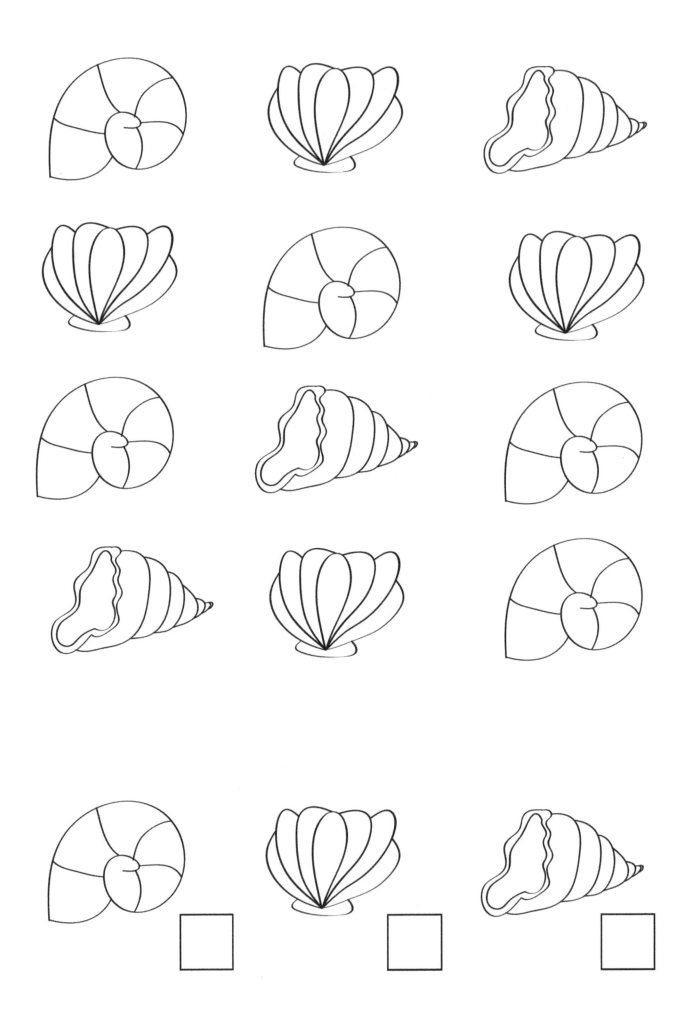

Kk　　　Key

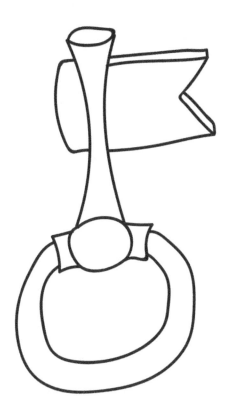

K _____

k _____

Ll Lollipop

L _____

l _____

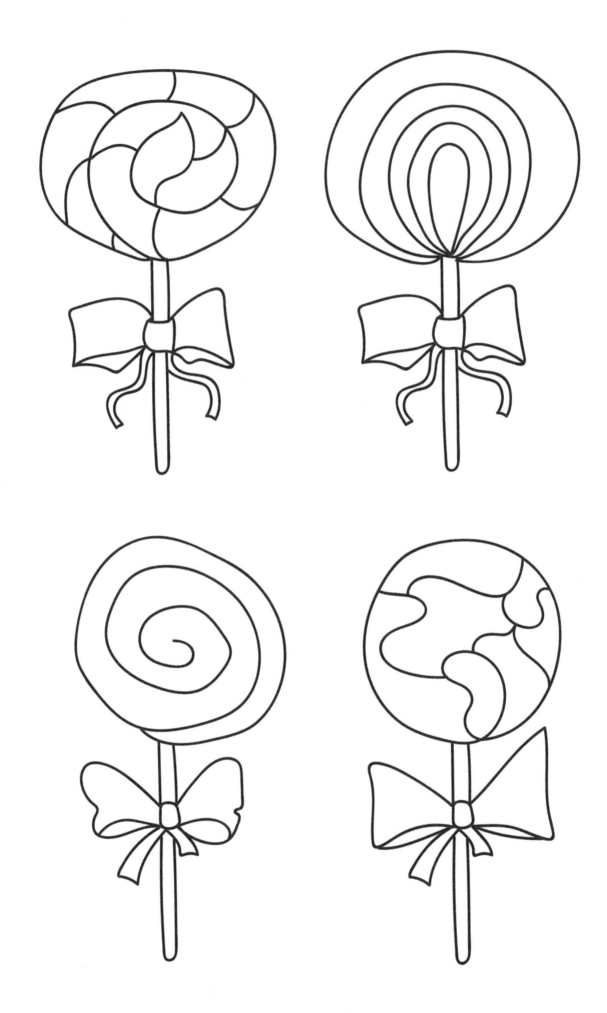

Mm Mouse

M _____

_____

m _____

_____

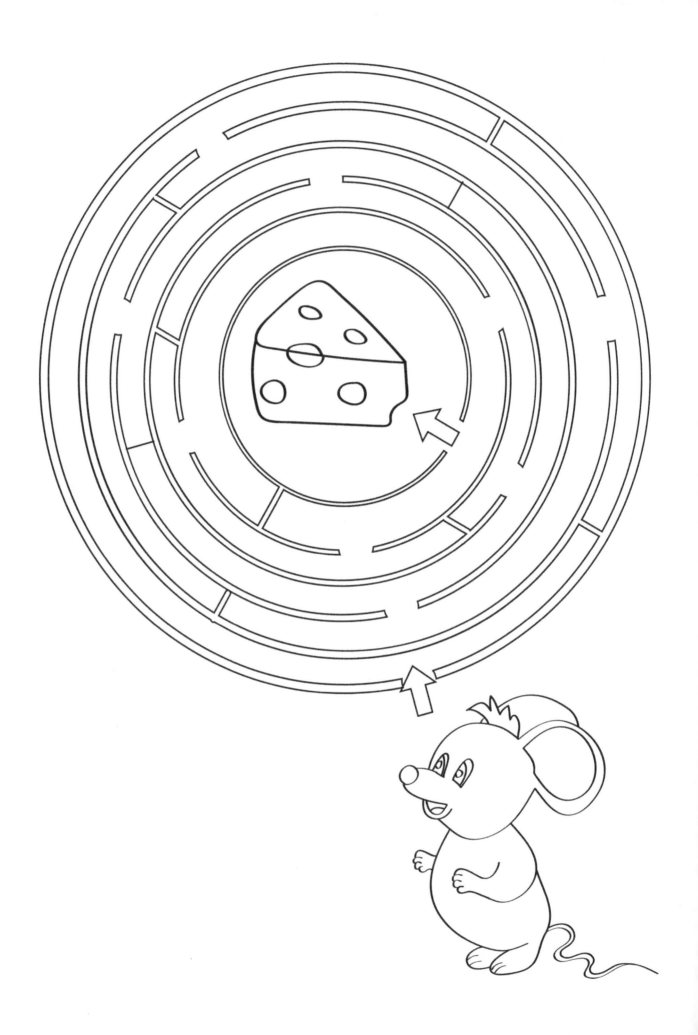

Nn   Night

N _____

n _____

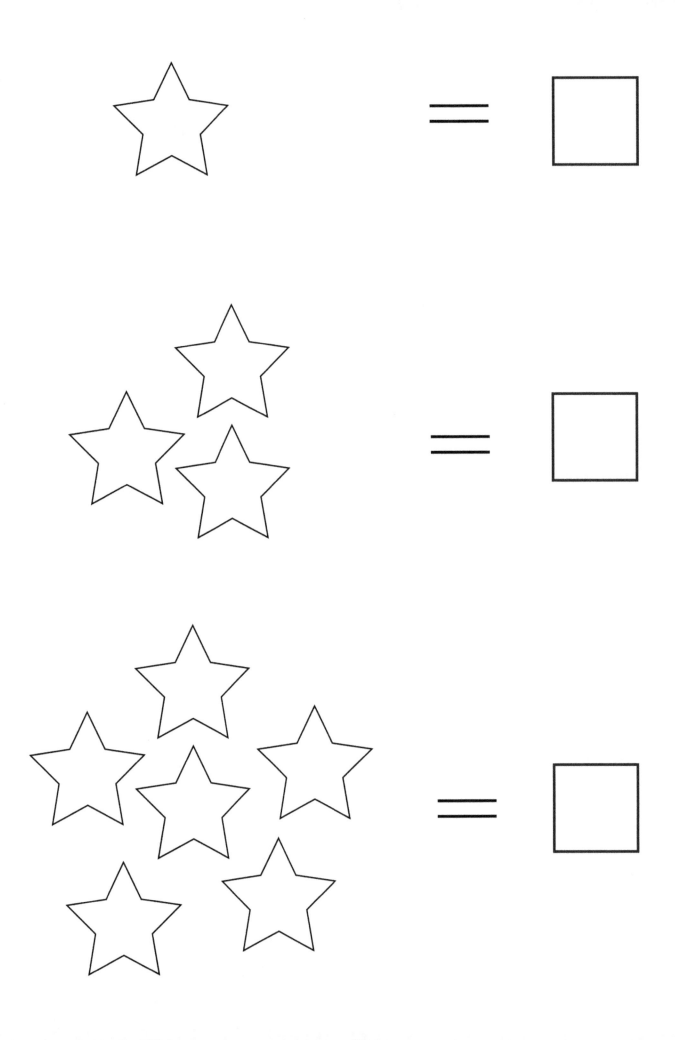

Oo Orange

O
_____

o
_____

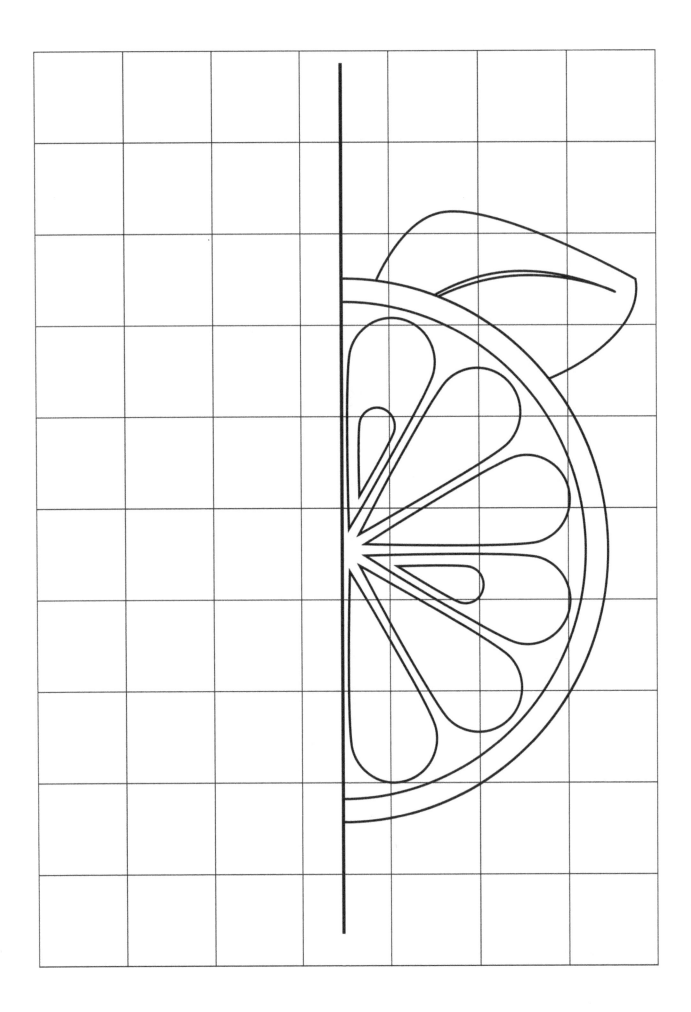

Pp Penguin

P _____

p _____

Qq Queen

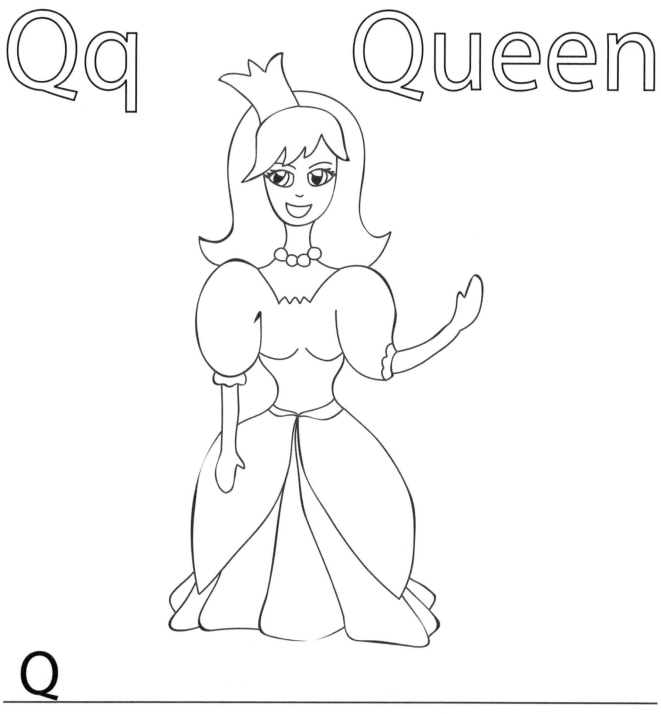

Q _____

q _____

Rr Rain

R _____

_____

r _____

_____

Ss Snail

S _____

s _____

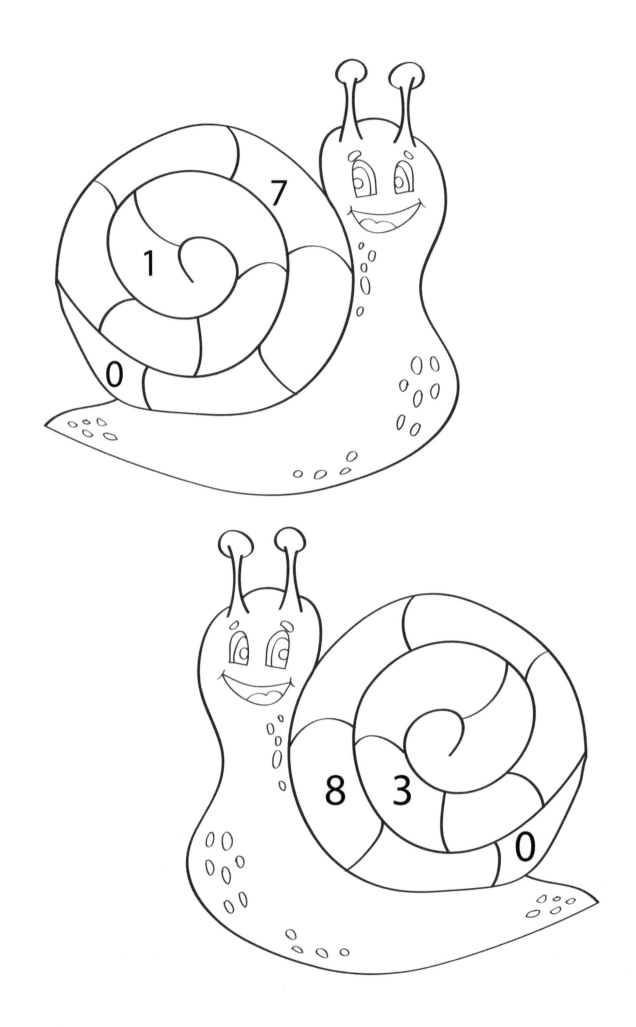

Tt Turtle

T _____

t _____

Uu   UFO

U _____

u _____

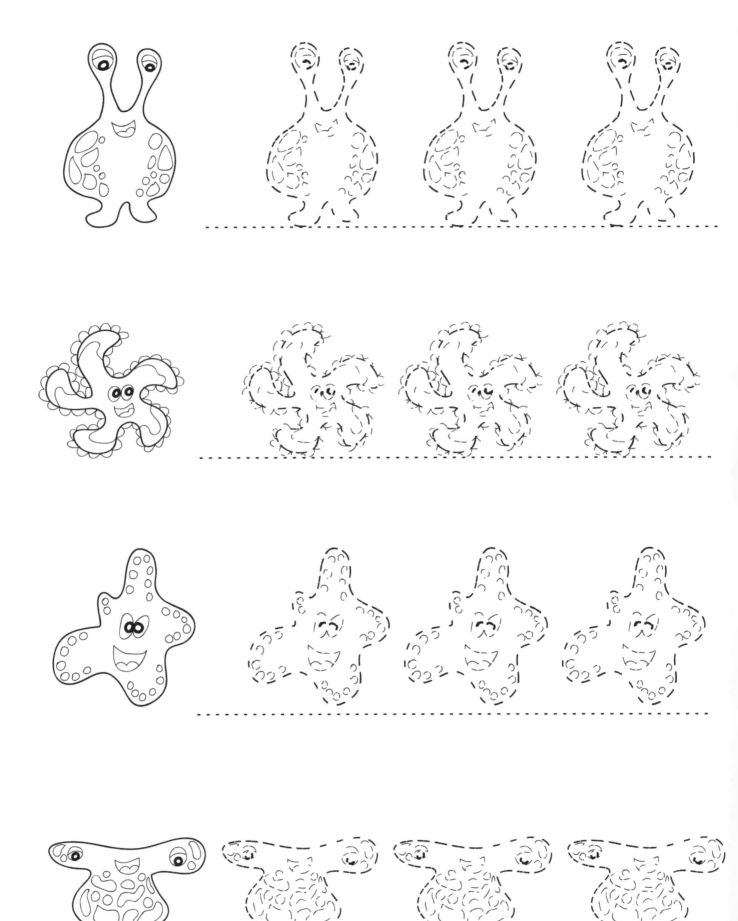

Vv Vineyard

V _____

_____

v _____

_____

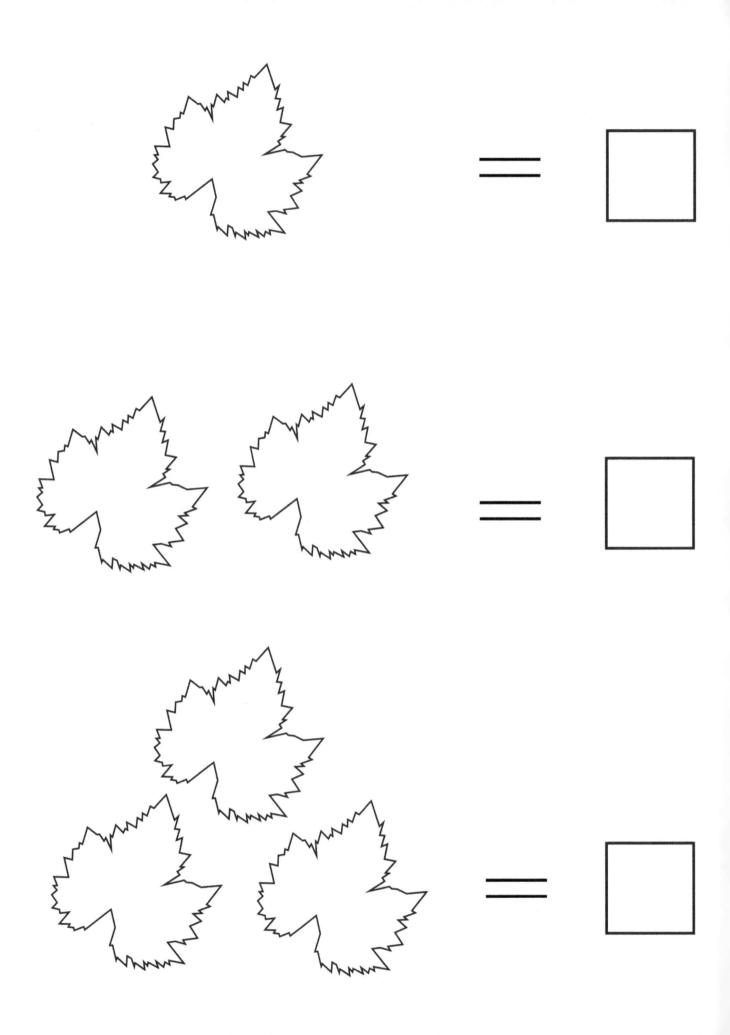

Ww   Wood

W _____

_____

w _____

_____

Xx   X'mas

X _____

x _____

Yy   Yarn

Y _____

_____

y _____

_____

Zz Zoo

z _____

_____

z _____

_____

0	0	0	0	0	0	0	0	0
1	1	1	1	1	1	1	1	1
2	2	2	2	2	2	2	2	2
3	3	3	3	3	3	3	3	3
4	4	4	4	4	4	4	4	4
5	5	5	5	5	5	5	5	5
6	6	6	6	6	6	6	6	6
7	7	7	7	7	7	7	7	7
8	8	8	8	8	8	8	8	8
9	9	9	9	9	9	9	9	9

Trace the Shapes

Trace the Lines

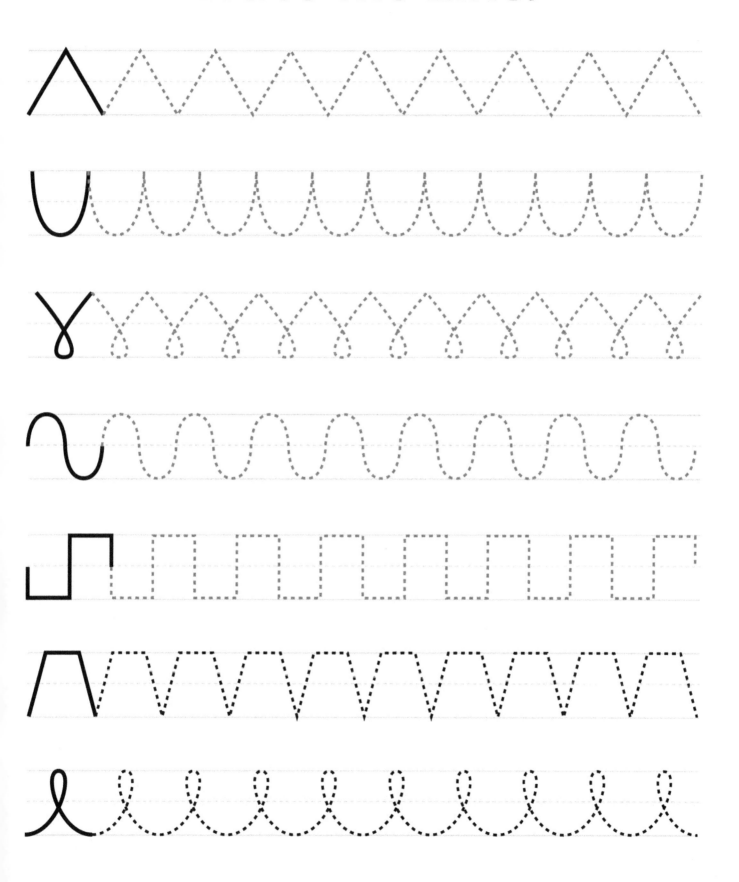

www.ingramcontent.com/pod-product-compliance
Lightning Source LLC
LaVergne TN
LVHW081242130225
803634LV00025BA/411